2 Topfhandschuhe, dick gefüttert
Kochtopf mit gut schließendem Deckel und Holzlöffel
und Schrot
Küchenwecker
60
50
40
30
20
10
Küchenmaschine
Rührschüssel mit Rührbesen für Teig, Quarkspeisen ...
Schlagbesen für Sahne
Knethaken für Brotteig
Mixbecher zum Zerkleinern von Nüssen, Obst, für Milchgetränke ...
Teelöffel
Eßlöffel
1/4 l
1/4 l
2
1 1/2
1
1/2
1000
750
500
250
100
Meßbecher für Flüssigkeiten
Schälchen und Becher zum Abmessen für Getreide.

Weitere tolle Rezepte findest du im Ravensburger Kochbuch für Kinder von Sybil Gräfin Schönfeldt und Dorothea Desmarowitz. Und wenn du auch Spaß am Backen hast, dann schau dir doch das Ravensburger Backbuch für Kinder von Elisabeth Daldrup an.

Die Deutsche Bibliothek – CIP-Einheitsaufnahme

Desmarowitz, Dorothea:
Vollwert-Kinderkochbuch / Dorothea Desmarowitz. –
Ravensburg: Maier, 1991
ISBN 3-473-37417-2
NE: HST

3 2 1 93 92 91

Redaktion: Gisela Walter
Umschlaggestaltung: Ekkehard Drechsel
Umschlagfoto: Bernd Scholzen
Gesamtgestaltung: Dorothea Desmarowitz
Printed in Germany
ISBN 3-473-37417-2

Dorothea Desmarowitz

Vollwert Kinderkochbuch

Über 70 Rezepte
ausgesucht, erfunden
und gezeichnet von
Dorothea Desmarowitz

Otto Maier Ravensburg

Inhalt

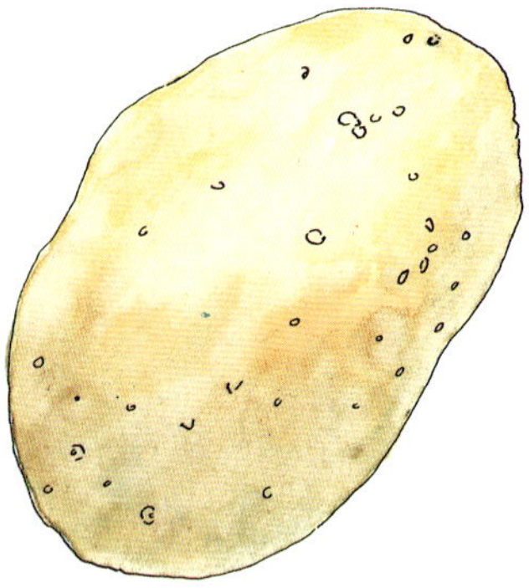

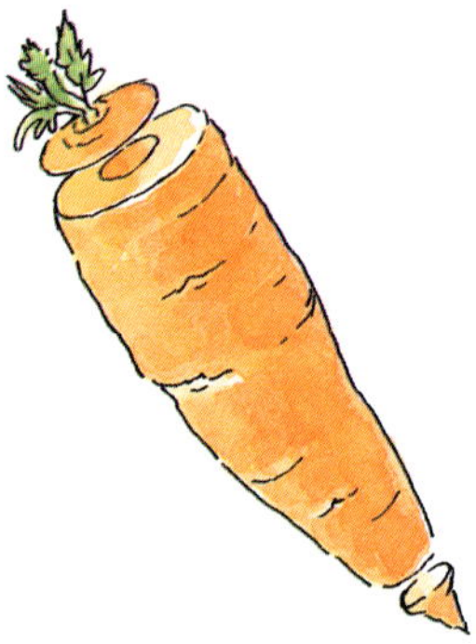

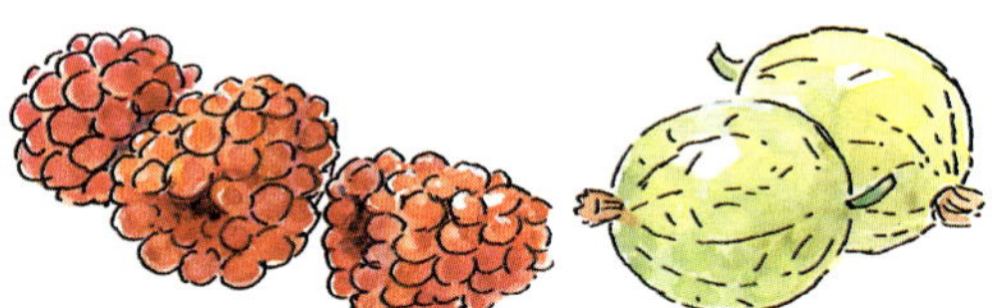

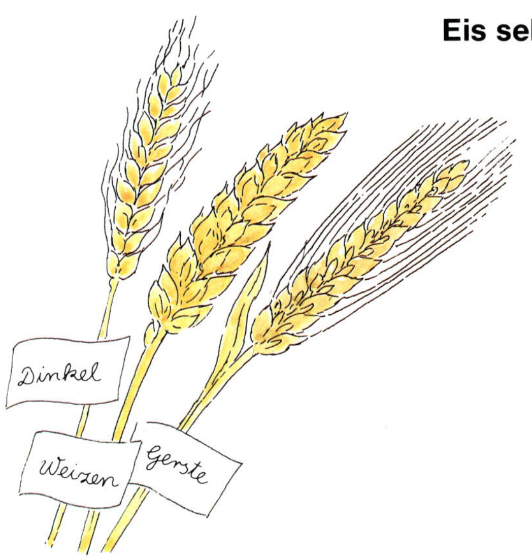

Dinkel
Weizen
Gerste

Rezept lesen: Anzahl der Personen?
Welche Zutaten fehlen?
Einkaufsliste schreiben.

Einkaufen: Fast alles im Bioladen
oder Reformhaus,
sonst Lebensmittelladen.

Vorbereiten: Zutaten und Geräte
bereitstellen

– und dann geht's los!

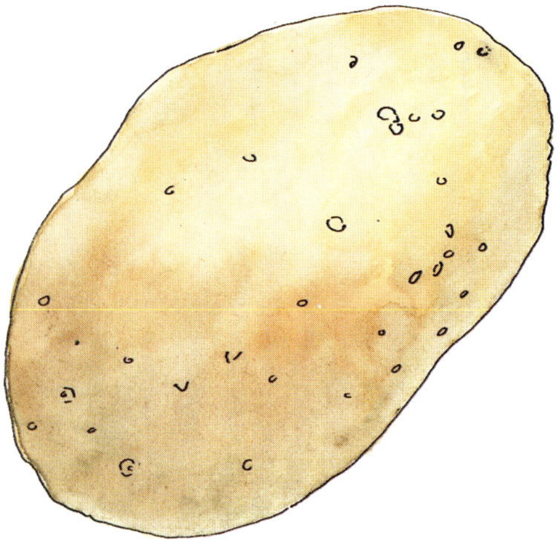

Kartoffeln

Kartoffeln gehören zu unserem Essen wie das tägliche Brot. Sie stammen aus Südamerika und werden seit 200 Jahren bei uns angebaut.
Es gibt viele Sorten und Geschmacksrichtungen. Beim Einkauf solltet ihr biologisch angebaute Kartoffeln vorziehen.
Tip: Immer gut waschen, weil Schmutz und Chemikalien an den Kartoffelknollen haften!

Pommes frites

Hier müssen deine Freunde oder Geschwister mithelfen. Es ist viel Arbeit, aber es macht auch Spaß! Neue Kartoffeln können mit Schale gegessen werden. Abschrubben genügt!

4 Portionen
8 große Kartoffeln – etwa 1 kg
2 Teelöffel Öl
etwas Meersalz
Waschen und dünn schälen
Sparschäler
Der Länge nach in Scheiben schneiden
1 cm dick
Ein großes Backblech in den Backofen schieben, auf 240 Grad (Stufe 5–6) vorheizen
In Streifen schneiden 1 cm dick
Öl darüber geben
Die Schüssel schütteln, bis das Öl verteilt ist.
Kartoffelstreifen auf das heiße Blech legen. 15–20 Minuten backen
wenden
Topflappen benutzen!
Nochmals 15 Minuten backen.
Mit Salz bestreut essen

Gebackene Sternschnuppen

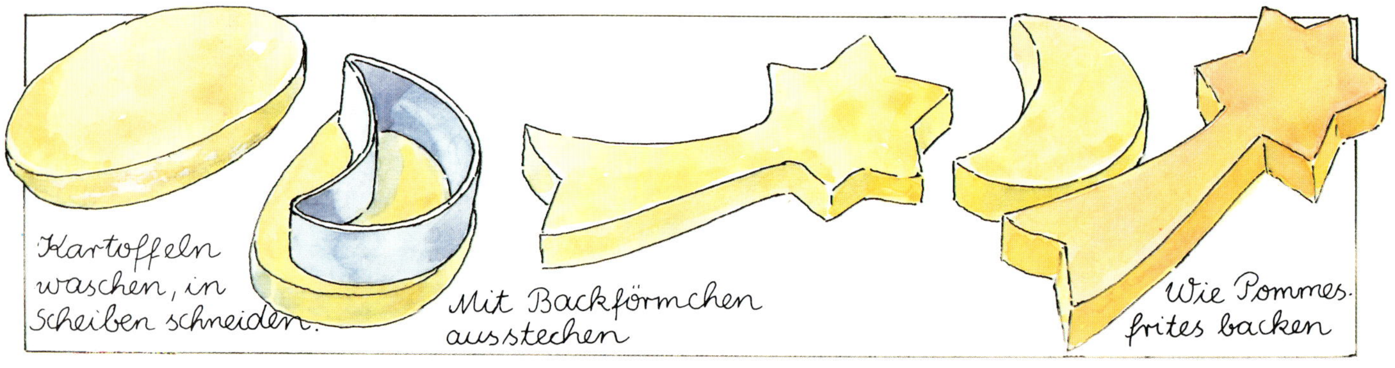
Kartoffeln waschen, in Scheiben schneiden.
Mit Backförmchen ausstechen
Wie Pommes frites backen

Pellkartoffeln

So sind Kartoffeln am gesündesten! Festkochend-mehlige Sorten schmecken besonders gut: Sorte Aula zum Beispiel.

Möglichst gleich große Kartoffeln aussuchen: Pro Person 2 - 3
Für 4 Personen: 500 g Kartoffeln 1/4 Liter Wasser
Mit wenig kaltem Wasser aufsetzen (mit Topfdeckel)
Bei großer Hitze zum Kochen bringen; dann die Hitze herunterschalten,
20 Minuten bei kleiner Hitze weiterkochen.
Garprobe
einstechen und prüfen, ob sie weich sind -
Dann vorsichtig das Wasser abgießen, Kartoffeln bei abgeschalteter Hitze kurz dämpfen
schütteln
Bei Tisch pellen, dazu paßt der Kräuterquark→(Seite 37) oder Raclette Käse.

Raclette-Käse

ist ein Schweizer Gericht: Der riesige Käselaib wird auch heute noch an das offene Feuer geschoben und die geschmolzene Schicht abgekratzt (racler = kratzen).

4 Personen
400 g Raclette Käse am Stück - pro Person 100 g
2 Eier
2 Eßlöffel süße Sahne
Semmelmehl oder 1 Zwieback
Zitronenpfeffer (Wer ihn mag)
Saures Gemüse (Gürkchen ...)
Backofen vorheizen 230 Grad (Stufe 5)
Käserinde abschneiden, Käse grob raffeln oder würfeln
In 4 kleine feuerfeste Schalen füllen. -
Eier aufschlagen, trennen
Eigelb
Sahne
verrühren
Eiweiß wegstellen
über dem Käse verteilen:
Eier-sahne
Semmel-mehl
15 Minuten backen, mit Topflappen herausnehmen.
Mit Zitronen-pfeffer würzen..
Auf Teller stellen!

Waffeln

Gemütlich so ein Waffelessen zu zweit oder zu dritt! Besonders einfach geht es mit dem kleinen, beschichteten Kinderwaffeleisen!

Tip:
Waffeln bleiben kroß, wenn sie ausdampfen können. Das geht am besten auf einem Kuchengitter!

Knusperwaffeln

Zutaten für diese Waffeln sind immer da: Haferflocken, Milch, Öl und Zimt. Du kannst sie schon zum Frühstück essen!

Du brauchst (2 Portionen)
1 Schälchen Haferflocken (fein)
1 Schälchen Milch (1/4 Liter)
1/4 Teelöffel Zimt
1 Eßlöffel Öl (Mandel- oder Sesamöl zum Beispiel)
Eventuell Fett fürs Waffeleisen

Hafer-
flocken
Zimt
Öl
Milch
Alles verrühren: Der Teig soll dick-flüssig vom Löffel fließen.

Tip: Teig aus groben Haferflocken im Mixer zerkleinern – oder quellen lassen.

Waffeleisen
erhitzen
Eventuell
einfetten

Dünne Waffeln backen:
1–2 Eßlöffel Teig hineingeben, das Eisen schließen (kurz zusammendrücken!) und in 4–5 Minuten goldbraun backen.

Auf dem Kuchengitter
abkühlen.

Quarkcreme

Eine süße Leckerei und im Handumdrehen fertig! Sie paßt zu Waffeln und Pfannkuchen (Seite 16). Bestreue sie mit kleingehackten Nüssen, reibe Äpfel hinein… Ausprobieren!

Du brauchst:
250 g Quark (20% Fett)
1 reife Banane
etwas Zitronensaft
2 Teelöffel Honig
(Akazienhonig)
etwas Naturvanille
Banane zu Mus zerdrücken
mit Saft beträufeln
Quark
Bananenmus
Vanille
Honig
Bananen süßen bestens!
zu einer Creme rühren
Tip: Statt Banane reife Erdbeeren oder Aprikosen pürieren …

Weizenwaffeln

Du brauchst:
- 250 g Weizenvollkornmehl
- 1 Teelöffel Weinstein-backpulver
- 125 g Butter
- 1 Tasse Milch (1/4 Liter)
- 2 Eier
- 2 Eßlöffel Honig (flüssig)

Butter schmelzen
Teig rühren
20 Minuten ausquellen und backen -

Butter im Topf bei kleiner Hitze schmelzen, alle Zutaten verrühren: Der Teig soll noch flüssig sein.

Ausquellen lassen, Waffeleisen vorheizen, Teig mit der Kelle hineingeben, Eisen zuklappen und etwa 3–5 Minuten backen. Lecker mit Zimtsahne!

Schokosahne

Schmeckt so gut, daß du beim Naschen beinahe nicht mehr aufhören kannst. Sie paßt zu Waffeln. Du kannst sie auch für 3 Stunden ins ***-Eisfach tun und hast köstliches Eis.

250 g gut gekühlte Sahne mit dem Rührgerät schlagen (erst langsam, dann schnell). Kurz vor dem Steifwerden 2 Teelöffel flüssigen Honig und 2 Teelöffel Kakao daruntermischen. Die Sahne weiterschlagen, bis sie fest ist.

Tip: Schlagsahne, Honig und Zimt ergeben Zimtsahne …

Gemüse

im Winter

Steckrübe
Möhre
Porree
Grünkohl
Sellerie
Brokkoli
Rosenkohl

Gut ist es, Gemüse täglich roh zu essen. Es muß sofort nach der Zubereitung gegessen werden, damit die Vitamine nicht verlorengehen.
Wichtig: Nur kurz waschen und nie im Wasser liegenlassen!
Salat, Obst und Gemüse haben wenig Kalorien und machen trotzdem satt. Sie enthalten Ballaststoffe. Das sind unverdauliche Nahrungsbestandteile, die für eine gute Verdauung sorgen.
Beim Einkaufen auf einheimische Wintergemüse achten: Sellerie, Wintermöhren, Rote Bete, Steckrüben, Feldsalat, Grünkohl, Porree, Rosenkohl, Brokkoli, Rot- und Weißkohl.

Waldorfsalat

ist ein festlicher Rohkostsalat und sollte kurz vor dem Essen zubereitet werden. Mit heißem Weizenvollkorntoast servieren!

Du brauchst für 4 Personen:
1 Eßlöffel Zitronensaft
etwas Meersalz
1 Becher Crème fraîche (150 g)
1 Knolle Sellerie (300 g)
1 großer saurer Apfel
10–15 Walnüsse
1 kleine Apfelsine
Für das Verzieren schöne Nuß- und Apfelsinenstücke übrig lassen!

Saft
Crème fraîche
Salz
Salatsoße rühren
schälen

schälen
Geschälte Selleriehälften und geschälten Apfel grob raffeln, mit der Soße vermischen.
Schälen und auf einem Teller in Stücke schneiden.
Nüsse knacken
zerhacken
Alle Zutaten vermischen,
hübsch
servier

Möhrensalat

Sprossen passen vorzüglich dazu, falls du sie gezüchtet hast (Seite 12). Als Vorspeise oder zum Abendbrot essen.

4 Möhren putzen, abschaben, waschen, fein raffeln.
1 sauren Apfel schälen
Boskop
Apfel fein raffeln und mit Zitronensaft beträufeln.
vermischen
Mit Vollmilch-joghurt und 1 Prise Salz verrühren.
Kresse abschneiden und waschen.
Auf 4 Teller verteilen, mit Kresse und Sonnenblumenkernen verzieren.

Steckrübensuppe

ist nussig-mild. Sie braucht eine lange Garzeit. Das Gemüse muß sich mit der Gabel zerdrücken lassen. Im Schnellkochtopf dauert das nur 15 Minuten!

Für 4 Portionen:
1 mittelgroße Steckrübe (900g)
8 Möhren (500g)
2 Zwiebeln
1/2 Teelöffel Meersalz
1 1/2 Liter Wasser
1-2 Eßlöffel Sesammus - auch „Tahin" genannt
1 Bund Petersilie
Steckrübe in Stücke schneiden
und schälen.
Waschen
zerschneiden
Würfel: 1,5cm
Möhren putzen, abschaben,
große Möhren spalten
in Scheiben schneiden, 1cm dick
waschen
Zwiebeln: äußere Schale abziehen, halbieren,
würfeln
Steckrüben Zwiebeln Möhren Salz
Wasser im großen Topf zum Kochen bringen, Gemüsewürfel dazugeben.
Eventuell Wasser nachfüllen.
Zugedeckt bei milder Hitze 35 Minuten kochen bis das Gemüse weich ist.
Sesammus darunterrühren, mit gehackter Petersilie bestreuen.

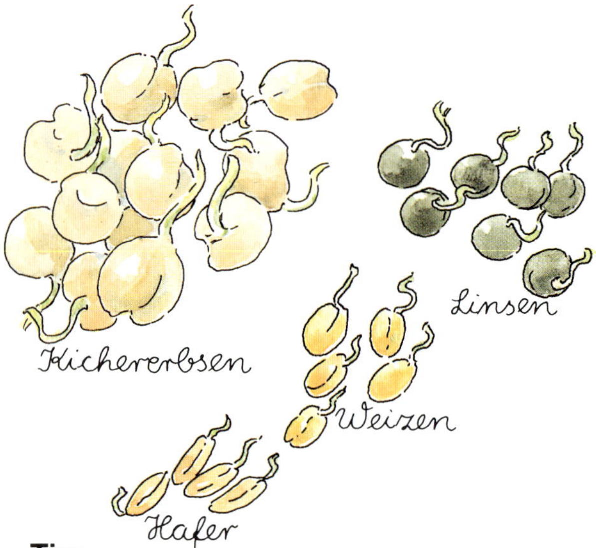

Kichererbsen
Linsen
Weizen
Hafer

Sprossen

Beste frische Vitaminspender sind gekeimte Körner, Samen und Hülsenfrüchte, Sprossen oder Keimlinge genannt.
Du kannst sie leicht selber ziehen: Getreide braucht nur 3 Tage, Hülsenfrüchte 5 Tage. Wichtig ist das tägliche Spülen, damit sich kein Schimmel bilden kann.

Tip:
Eine Prise Rettich verhindert Schimmelbildung. Eine Prise ist das, was du zwischen Daumen und Zeigefinger halten kannst.

Rettich

Du brauchst:
1 großes Glas (1½ Liter)
1 dickes Gummiband
1 Stück Kunststoffgaze (Tüllstoff)
Körner oder Samen (Reformhaus)

Linsensprossen

So werden Linsensprossen gezogen: Lauwarmes Wasser, Tageslicht und 21 Grad Wärme fördern das Keimen.

2 Eßlöffel Linsen, 1 Prise Rettichsamen
Lauwarmes Wasser
Zum Vorquellen 8-10 Stunden stehenlassen
Wasser abgießen, Linsen 2-3 mal durchspülen.
Glas schrägstellen, an einen hellen Platz (nicht direkt in die Sonne)
Luft rein
Wasser raus
2 mal pro Tag mit lauwarmem Wasser gründlich spülen!
Wässern,
damit nichts schimmelt!
Wasser abgießen, schrägstellen
Deine Linsen wachsen!
Nach 4-6 Tagen kannst du ernten:
Sprossen spülen abtropfen lassen (Handtuch)
Sofort essen - oder im Gefäß im Kühlschrank aufbewahren (4 Tage)

Kartoffelsalat

So kannst du nussige Linsensprossen verwenden: im Kartoffelsalat für 4 Personen. Oder in Bratlingen, über Suppen gestreut... Ausprobieren!

1 säuerlicher Apfel
8 mittelgroße Kartoffeln
1 Tasse Linsensprossen
1 Frühlingszwiebel
8 Eßlöffel heiße Gemüsebrühe (aus 1 Brühwürfel und Wasser)
4 Eßlöffel Obstessig
2 Eßlöffel kaltgepreßtes Öl
etwas Pfeffer, wenig Salz (die Brühe würzt genug!)
Kartoffeln waschen und kochen (→ Seite 7)
Zwiebelscheiben heiß überbrühen, abtropfen lassen (Tuch)
Frühlingszwiebel putzen, in Scheiben schneiden
Kartoffeln abgekühlt pellen und zerschneiden
Abgespülte, abgetropfte Linsensprossen
Frühlingszwiebelringe
Apfel schälen, in Würfel schneiden
Warme Brühe mit Essig, Öl und Pfeffer mischen.
Salatsoße rühren
Zum Schluß alle Zutaten vermischen mit der Soße übergießen

Sprossenmüsli und Sprossenbrot

Tip:
1 Tasse Getreidekörner ergeben 2–3 Tassen Sprossen. Sie schmecken auch im Obstsalat! Gerstenkörner keimen nicht.

Haferflocken
Joghurt
Früchte
Sprossen
Rosinen
Müsli mit Hafersprossen

Butter, Radieschenscheiben
Sprossen
Quark
Brot mit Sonnenblumensprossen

Eier

Schnell gemacht sind aus Eiern süße und salzige Lieblingsgerichte.
Beim Einkaufen bevorzuge Eier aus Freiland- oder Auslaufhaltung.

Ei aufschlagen und trennen

Einen Spalt schlagen, vorsichtig auseinanderbrechen,

Eiweiß ⇓
Eigelb hin und herkippen bis das Eiweiß herausgeflossen ist.

Eier kochen

Topf 1 cm hoch mit kaltem Wasser füllen. Frische Eier hineinlegen. Topf mit Deckel verschließen. 6 Minuten leicht sprudelnd kochen lassen. (Deckel nicht abnehmen!) Mit kaltem Wasser abschrecken.

Willst du harte Eier? Genauso kochen, nur etwas mehr Wasser (2–3 cm) und 11 Minuten Garzeit. Abschrecken nicht vergessen.

Bananenpfannkuchen

Tip: Das Rezept läßt sich abwandeln mit dünnen Apfelscheiben und Zimt.

Für 4 Personen:
2 frische Eier
1 Prise Meersalz
1/4 Liter Milch
8 Eßlöffel Weizenvollkornmehl, frisch gemahlen oder Type 1050
1 - 2 reife Bananen
Margarine zum Braten
Eier aufschlagen, mit Salz und Milch verquirlen, Mehl darunterrühren
Den Teig 30 Minuten quellen lassen.
Bananen schälen und in Scheiben schneiden
Margarine bei mittlerer Hitze schmelzen
Etwas Teig hineingeben
Gut eignet sich eine kleine beschichtete Pfanne
Bananenscheiben darauflegen, goldgelb backen und wenden Die zweite Seite braten
Pfannenwender aus Holz
Fertige Pfannkuchen zwischen 2 Tellern warmhalten: auf der Heizung oder im Backofen bei 40 Grad bis alles fertig ist.

Wie frisch ist das Ei?

Das kannst du mit der Schwimmprobe feststellen. Lege das Ei in ein großes Glas mit Wasser: Das frischgelegte Ei liegt am Boden.

Nach 7 Tagen richtet sich das Ei auf.

Nach 2–3 Wochen steht das Ei senkrecht im Glas. Es eignet sich zum Backen.

Nach 5–6 Wochen schwimmt das Ei an der Oberfläche. Es ist ungenießbar.

Frisch:
7 Tage:
2-3 Wochen:

So geht es den Hühnern gut!

Herumlaufen statt bei Kunstlicht im Käfig zu sitzen. Futter aufpicken, in der Erde scharren, sich zum Eierlegen in ein Nest zurückziehen. Und des Nachts zum Schlafen auf einer Stange sitzen. Das nennt man Freiland- oder Auslaufhaltung.

Zucchiniomelett

gelingt am besten in einer beschichteten Pfanne. Anstatt Zucchinis kannst du auch gekochte Erbsen oder Champignons (dünn geschnitten) nehmen.

1 mittelgroße Zucchini - 200 g
2 Eßlöffel frisch geriebener Käse (Parmesan oder Gouda)
4 frische Eier
ein paar Blättchen Zitronenmelisse, wenn vorhanden -
2 Vollkornzwiebacke
etwas Zitronenpfeffer
1 Eßlöffel Öl
etwas Meersalz
2-3 Portionen
Zucchini waschen, die Enden abschneiden,
dann in Scheiben schneiden
Käse reiben
Eier
Käse
Eier mit Käse verschlagen, bis alles gut vermischt ist.
Zitronenmelisse waschen, fein schneiden
Öl bei mittlerer Hitze erwärmen, Zucchinischeiben hineinlegen.
Würzen, mit Salz, Zitronenmelisse und Pfeffer
Eiermischung darüber gießen
Zwiebacke zerbröseln und darüberstreuen.
Alles bei milder Hitze fest werden lassen, mit dem Deckel zudecken. 3-4 Minuten garen.
In Stücke schneiden
Butterbrot, Radieschen, Salat schmecken prima dazu!

Flädlesuppe

ist im Nu aus einem Pfannkuchenrest gezaubert! Übrigens gibt es die Gemüsebrühe in Würfelform und gekörnt im Glas. Sie eignet sich zum Würzen und als warmes Getränk.

4 Portionen

1–2 Pfannkuchen
1 Liter Wasser
2 Gemüsebrühwürfel
1 Bund Schnittlauch oder Petersilie

zerschneiden

Pfannkuchen aufrollen, in feine Streifen schneiden. Das sind die Flädle.

Brühe kochen

Schnittlauch waschen, schneiden und über die Suppe streuen.

zerkleinern

Wasser mit den Brühwürfeln aufkochen, Flädle darin erwärmen.

Tip:
Verfeinere die Suppe mit geriebenem Käse.

Pfannkuchen-Grundrezept:
4 Eßlöffel Mehl, 1 Ei, 1/8 Liter Milch und 1 Prise Salz verquirlen und quellen lassen.
Etwas Fett in einer kleinen Pfanne erhitzen, Teig hineingeben (nur so viel, daß der Pfannenboden bedeckt ist!) Goldbraun backen, wenden, und die zweite Seite backen.

Honigflan

ist ein süßer Nachtisch, der aber ein bißchen Zeit braucht: Das Garen dauert fast eine Stunde. Und dann muß der Pudding noch abkühlen! Dazu paßt Fruchtmus oder Soße.

Für 4 Portionen:
1/4 Liter Milch
etwas echte Vanille
4 Eßlöffel milden Honig (Akazienhonig)
4 Eier
Butter für die Formen

Milch, Vanille und Honig mischen
Eine große Rührschüssel nehmen.

Eier aufschlagen, dazugeben und glattrühren –
aber nicht schaumig schlagen!

Backofen vorheizen auf 170 Grad (Stufe 2)

4 feuerfeste Förmchen mit Butter auspinseln

Durchs Sieb einfüllen
In einen großen feuerfesten Topf stellen, vorsichtig heißes Wasser hineingießen – bis die Formen zu 2/3 bedeckt sind.
Im Backofen (mittlere Schiene) 35–40 Minuten garen, bis der Flan fest ist. Abkühlen lassen, herausnehmen

Wildkräuter

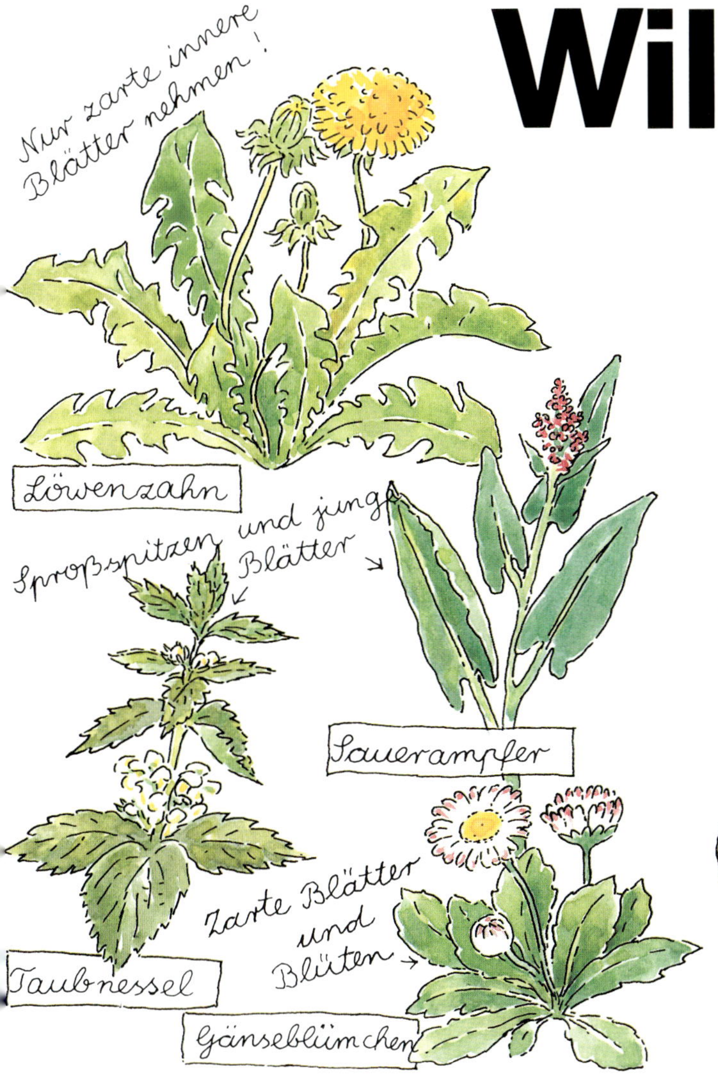
Nur zarte innere Blätter nehmen!
Löwenzahn
Sproßspitzen und junge Blätter
Sauerampfer
Zarte Blätter und Blüten
Taubnessel
Gänseblümchen

Von März bis Mai kannst du diese Kräuter ernten. Sie sind besonders vitaminreich. Am besten schmecken zarte Blätter und Triebe: Sie bessern Salate auf, passen kleingeschnitten in Quark oder Rührei. Pflücke sie nur im Garten oder abseits der Straßen. Wasche sie gründlich, denn es könnten sich Insekten darin verstecken. Löwenzahnblättchen schmecken leicht bitter. Sauerampfer wächst auf feuchten Wiesen. Außer der Weißen Taubnessel und dem Gänseblümchen sind noch Spitzwegerich, Giersch, Brennesseln und viele andere eßbar.

Sauerkraut mit Apfelstücken, Zwiebelwürfeln, gehackten Wildkräutern und saurer Sahne vermischt

Wildkräutersalat

wird besonders Erwachsene begeistern, hübsch dekoriert mit frischen Gänseblümchen!

Für 4-5 Portionen:
4 Möhren (400 g)
1 Handvoll Wildkräuter
1 Eßlöffel Zitronensaft oder Apfelessig
1/2 Teelöffel Honig
1 Eßlöffel Sojasoße
3 Eßlöffel Öl
Blätter sorgfältig waschen, gut ausschütteln
zerschneiden
Waschen, abschaben
Fein raspeln
Soße zubereiten
Zitronensaft
Sojasoße
Honig
Gut verrühren
Öl
Nach und nach das Öl unterrühren
Möhren, Wildkräuter und Soße mischen

Früchte

Früchte schmecken in ihrer Haupterntezeit am besten. Durch lange Transporte verlieren sie Frische und Vitamine. Deshalb vor allem einheimisches Obst essen! Rhabarber ist eigentlich ein Gemüse und hat im Mai/Juni Hauptsaison. Erdbeeren, Johannisbeeren, Stachelbeeren, Kirschen im Juni/Juli und Himbeeren, Brombeeren, Heidelbeeren im Juli/August.

Rote Grütze

Dies ist ein altes Rezept, die Bauern haben es zur Erntezeit gekocht. Das Roggenschrot mildert die Säure der Früchte. Man braucht nur wenig Honig zum Süßen.

Zutaten für 4-6 Portionen:
1 Tasse Roggenschrot (in der Getreidemühle grob gemahlen oder im Mixer zerkleinert)
3 Tassen Sommerfrüchte (Johannisbeeren, Kirschen, Erdbeeren ...)
und ein wenig Honig
Roggenschrot mit 2 Tassen Wasser aufkochen, 5 Minuten bei kleinster Hitze garen.
Umrühren
Früchte im Sieb waschen
Blätter abzupfen
Entstielen
Entkernen
Halbieren
Früchte mit 3 Tassen Wasser kurz aufkochen
Roggengrütze darunterrühren, aufkochen, mit 1 Teelöffel Honig süßen und probieren.
Die rote Grütze in eine Schale füllen und kühl stellen.
Dazu schmeckt Quarksoße:
250 g Sahnequark
1 1/2 Tassen Milch
1 Stück Vanillestange
(oder Vanillepulver)
Sahnequark
Milch
Vanille
Schaumig rühren
Körnchen herauskratzen
Tip:
Vanillezucker
Leg die leere Vanillestange in ein Glas mit Zucker!

Aprikosencrisp
500 g Aprikosen
etwas Honig
Zitronensaft
Haferflocken-
mischung
Rhabarbercrisp
350 g Rhabarber
80 g Honig
1 Banane oder ein
paar Erdbeeren
und die Hafer-
flockenmischung

Apfelcrisp

ist fast ein Kuchen und kinderleicht zu backen: mit Äpfeln im Herbst und Winter, mit Rhabarber im Frühling und mit Aprikosen im Sommer.

1 ungespritzte Zitrone
4 Äpfel (Boskop)
50 g ungeschwefelte Rosinen, 2 Eßlöffel Honig
1 Teelöffel Zimt,
200 g Haferflocken*
4 gehäufte Eßlöffel Weizenvollkornmehl
2 Eßlöffel Sesamöl
2 Eßlöffel Honig
Warm und kalt lecker! Dazu paßt Schlagsahne oder Vanilleeis.
Zitrone heiß abwaschen, abtrocknen, Schale abreiben
Papier
Saft auspressen
Äpfel schälen, vierteln
Kerngehäuse entfernen, Apfelstücke kleinschneiden →
Zitronensaft und abgeriebene Zitronenschale zu den Äpfeln geben
Zimt
Gewaschene Rosinen
Honig
Feuerfeste Form einfetten
Apfelmischung in die Auflaufform füllen
Haferflocken
Öl
Mehl
Honig
Verrühren (Stufe 1)
Haferflockenmischung über die Äpfel geben, in den Backofen stellen
(Mittlere Schiene) Auf 180 Grad (Stufe 2) schalten
35–40 Minuten backen, bis die Äpfel weich und die Haferflocken knusprig braun sind ...

Milch

Rohmilch oder Vorzugsmilch ist Milch, so wie sie von der Kuh kommt. Sie wird schnell sauer.

Pasteurisiert ist Milch, wenn sie auf 71 Grad erhitzt und abgekühlt wurde. Sie hält ein paar Tage länger.

Ultrahocherhitzte Milch oder H-Milch wird auf 135–160 Grad erhitzt und sofort wieder abgekühlt. Dadurch ist sie bis zu 6 Wochen haltbar. Durch das Erhitzen gehen alle Vitamine verloren.

Reine Buttermilch entsteht bei der Butterherstellung, hat keinen Wasserzusatz und ist fettarm.

Milch von **Bio-Bauernhöfen** ist meist pasteurisiert und wird lose oder in Flaschen verkauft. Sie ist von Kühen, die tierfreundlich gehalten werden und gutes Futter bekommen.

Frischkäse

aus Rohmilch kannst du selber herstellen. So verwendest du die übriggebliebene Molke: Mische 1/2 Glas Molke mit 1/2 Glas Apfelsaft. Ein sehr erfrischendes Getränk!

braucht Geduld
1 Liter Rohmilch (Vorzugsmilch)
1/2 Lab-Tablette (Apotheke)
1 Mulltuch (dünner Gardinenstoff aus dem Kaufhaus)
Milch handwarm erwärmen
testen (40 Grad)
Tablette fein zerbröseln
und in die Milch rühren
In eine Kanne (Schüssel) gießen
Abdecken und über Nacht stehen lassen.
Die dicke Milch absieben
Mulltuch
Sieb
und 24 Stunden im Kühlschrank abtropfen lassen: Tuch verknoten und aufhängen.
Die Molke setzt sich ab!
Der fertige Käse ist mild.
Tomaten waschen, in Scheiben schneiden, Käse in Scheiben schneiden, Basilikum waschen und darüberstreuen.
Mit Meersalz würzen, je 1 Eßlöffel Olivenöl und Essig darüberträufeln.
Dazu paßt Stangenbrot.

Joghurt

ist besonders sahnig und mild, wenn er selbst hergestellt wurde. Er schmeckt besser als gekaufter! Zur Abwechslung mit Honig, Marmelade, Früchten, Kakao und Carob (süßem Johannisbrotmehl) vermischen.

Du brauchst für den ersten Ansatz:
1 Liter Milch
1 Päckchen Bio-Ferment (gibt's im Reformhaus)
1 Einkochthermometer
7–8 kleine Gläser
etwas Alufolie (für die Deckel)
Vollmilch kurz auf 90 Grad erhitzen
H-Milch nur auf 40 Grad!
Auf 40 Grad abkühlen
Wasserbad im Spülbecken
Bio-Ferment sorgfältig einrühren
In eine Schüssel gießen
Wärme
8–12 Stunden warmstellen. Nicht bewegen!
Achtung: Der Joghurt bleibt flüssig, wenn er unruhig steht
Gläser heiß spülen (Geschirrspüler)
Joghurt einfüllen, verschließen
Aludeckel
– und in den Kühlschrank stellen.
Zweiter Ansatz:
Dafür 1 Joghurt zurückbehalten!
Milch auf 90 Grad erhitzen, auf 40 Grad abkühlen.
In jedes Glas 1 Teelöffel Joghurt geben,
mit der Milch aufgießen, verschließen,
5–6 Stunden warm und ruhig stellen, bis er fest ist. Dann erst kühlen!

Tips:

✷ Sammle leere kleine Gläser für die Joghurt-Produktion.
✷ Es lohnt sich, gleich eine große Menge Joghurt herzustellen.
✷ Einen Joghurt immer zum „Impfen“ zurückbehalten!
✷ Bis zu zwanzigmal kannst du den Ansatz wiederverwerten!
✷ Besonders einfach gelingt der Joghurt mit H-Milch, sie braucht nur auf 40 Grad erhitzt zu werden.
✷ Gut gekühlt hält der Joghurt 1 Woche.

Joghurt mit Vanille verrührt
Himbeeren zu Mus gedrückt
So wird ein leckerer Nachtisch daraus!

Ansatznummer
Herstellungsdatum

Salat
Radieschen
Zucchini
Fenchel
Paprika
Kohlrabi
Gurke
Tomate
Möhren
Blumen-
kohl
Bohnen
Erbsen

Gemüse
im Sommer

Gemüse schmeckt in seiner Haupterntezeit am besten und enthält die höchsten Nährwerte: Der grüne Salat, Radieschen, Zuckererbsen und Möhren wuchsen nicht im Gewächshaus, sondern reiften in Sonne und Regen. **„Freilandanbau“** wird das genannt. Gemüse, das in deiner näheren Umgebung angebaut wird, ist am frischesten. Übrigens: Umweltbewußte Bauern verzichten beim Anbau auf Mineraldünger und chemische Schädlingsbekämpfungsmittel.

Kohlrabisalat

Im Juni/Juli gibt es besonders zarte Kohlrabi, viel zu schade zum Kochen! Auch die zarten grünen Blättchen sind sehr vitaminhaltig. Also mitverwenden!

Du brauchst für 4 Portionen:
1 - 2 Kohlrabi (500 g)
1 Becher Vollmilchjoghurt
1 Eßlöffel Essig
1 Eßlöffel kaltgepreßtes Öl
etwas Meersalz
Zitronenmelisse (oder Petersilie)
2 Hände voll grüne Blätter:
Spinat, Löwenzahn, Salat ...
ein paar Mandeln oder
Haselnüsse
Joghurt
Essig
Öl
Salz
Die Soße rühren.
Zarte Blättchen waschen, hacken
Kohlrabi schälen
Blätter waschen
abtropfen lassen
Kohlrabi raffeln, sofort mit der Soße vermischen.
Kräuter hacken, in den Salat rühren.
Den Salat hübsch auf den Blättern servieren!
Nüsse hacken, darüberstreuen

Blattsalat

1 Kopf Salat
1 Bund Radieschen
1/2 Salatgurke
Frische Kräuter

Salatblätter waschen, zerpflücken, in ein Tuch legen, schleudern, um das Wasser herauszutreiben. Gurke schälen, in Scheiben schneiden. Radieschen waschen, in Stücke schneiden. Kräuter waschen, hacken und alles in eine Schüssel geben.

Waschen
Schleudern
Zerkleinern

Salatsoße

2 Eßlöffel Apfelessig
oder Zitronensaft
etwas Meersalz
1 Prise Zucker
3 Eßlöffel Öl
(kaltgepreßt)

Apfelessig, Salz und Zucker verrühren. Das Salz muß sich auflösen. Nach und nach das Öl unterrühren.
Kurz vor dem Essen mit dem Salat vermischen.

Essig, Salz verrühren
Öl nach und nach

Möhrenrösti

schnell zubereitet. Heiß aus der Pfanne sehr saftig und lecker.

Zutaten für 8 Stück:
4 mittelgroße Möhren (400g)
etwas Petersilie oder Dill
2 Eier
etwas Salz und Pfeffer
8 Eßlöffel Weizenvollkornmehl
Öl oder Margarine zum Braten
putzen
Schale abschrubben und waschen (Gemüsebürste).
fein reiben
Petersilie waschen, abtropfen lassen und kleinschneiden
Möhrenschnitze
Eier
Kräuter
Mehl
Salz
Verrühren, mit Salz und Pfeffer würzen.
Mit den Händen 8 Röstis formen (auf einem Brett mit Mehl bestäubt)
Fett bei mittlerer Hitze schmelzen, Röstis von beiden Seiten goldgelb braten.
Quark und grüner Salat passen dazu.

Stieleis aus
Apfelsaft und
einem Stück Banane.

Eis

Du kannst Eis selbermachen, wenn ihr ein ***-Eisfach oder eine Tiefkühltruhe besitzt.

Achtung: Eis muß stärker gesüßt sein, weil durch das Einfrieren Geschmack verlorengeht. Vor dem Essen kurz antauen.

Zitroneneis am Stiel

Saft auspressen
Joghurt, Saft, Honig
Einfrieren

1 Sahnejoghurt
1/2 Zitrone
2 Teelöffel Honig

Zitrone auspressen, Joghurt mit Zitronensaft und Honig verrühren.
In Stieleisförmchen füllen, 1 Stunde im Tiefkühlfach einfrieren. Die Form vor dem Essen kurz in warmes Wasser halten.

Erdbeereis am Stiel

Pürieren
Köstlich als Fruchtsoße
Als Eis lecker, lecker!

200 g reife Erdbeeren
2 reife Bananen

Erdbeeren waschen, abtropfen lassen, Blätter und Stiele entfernen, Bananen und Erdbeeren im Mixer pürieren, in Förmchen füllen und einfrieren. Reste als Fruchtsoße essen oder einfrieren.

Fruchteis

einfach zu machen! Auch aus anderen frischen Früchten wie Pflaumen, Ananas, Kiwi... Das Gefrieren der Früchte dauert 2 Stunden. Mit einem Klecks Sahne servieren!

2 Äpfel
7 Aprikosen
(süß und reif)
3 Eßlöffel
Milch
Obst waschen
Äpfel dünn schälen, in Stücke schneiden
Gefrorene Fruchtstücke
Milch
Im Mixer pürieren.
Aprikosen entsteinen, in Stücke schneiden
Einfrieren (Gefrierdose)
Sofort essen

Bananenblitzeis

schmeckt köstlich sahnig. Nur gelbe, weiche, reife Bananen verwenden. Vor dem Mixen etwas antauen.

Bananen schälen, in kleine Stücke schneiden
4 Bananen (süß und reif)
4 Eßlöffel Sahne
2 Stunden einfrieren
Im Mixer mit der Sahne pürieren, servieren mit etwas Kakao, Nußstückchen.

Joghurteis

Statt der Erdbeeren kannst du auch Blaubeeren nehmen. Willst du Schokoladengeschmack, nimmst du Kakao, läßt die Früchte weg und süßt stärker.

300 g reife Erdbeeren
1 Becher Sahne (250 g)
2 Vollmilchjoghurt
3 Eßlöffel milden Honig
Tip: Ohne Joghurt wird's ein Erdbeersahne-eis!
Erdbeeren waschen, abtropfen lassen
Blätter abzupfen, in Scheiben schneiden
zu Mus zerdrücken
Schlagsahne steifschlagen
Honig
Joghurt
verrühren
Erdbeeren und Joghurt vermischen, Sahne unterheben.
Tip: Ab und zu umrühren. Dann bilden sich keine Eiskristalle!
3–4 Stunden einfrieren

Dinkel
Weizen
Gerste
Roggen
Hafer

Getreide

Getreide aus dem ganzen, frisch gemahlenen Korn ist für unsere Ernährung besonders wertvoll.
Es liefert Eiweiß, Mineralstoffe, wertvolles Fett (ungesättigte Fettsäuren), das Vitamin B1, das für Konzentration und Leistungsfähigkeit wichtig ist, sowie Ballaststoffe für unsere Verdauung.
Dinkel ist die älteste einheimische Getreidesorte. **Grünkern** ist unreif geernteter Dinkel, der über Holzfeuer gedarrt wurde.
Aus fast allen Getreidekörnern kannst du Sprossen züchten (Seite 12).

Weizen kochen

Tip: Weizen braucht im Schnellkochtopf nur 10–14 Minuten.

Einweichen verkürzt die Kochzeit!

Für 4 Personen:
2 Tassen Weizen
6 Tassen Wasser
*
Tip: Pro Person eine 1/2 Tasse Getreide + die dreifache Menge Wasser.
1.
Körner unter fließendem Wasser waschen
Einweichen
6–10 Stunden mit dem Wasser in den Kühlschrank stellen
2.
Im Einweichwasser kochen
15 Minuten bei großer Hitze
3.
Ausquellen
60 Minuten im geschlossenen Topf bei kleinster Hitze
gehackte Nüsse
Quark mit und ohne Kräuter
gehackte Petersilie, Schnittlauch, Dill
geriebener Käse
4.
Würzen
Ein wenig Meersalz, viele Kräuter
Gekochtes Gemüse: Brokkoli, Porree, Erbsen, Möhren
Rohes Gemüse Gurkenscheiben Möhrensalat
Das paßt dazu!

Roggenkörnersalat

ist knackig, erfrischend und sättigend! Ideal für das Picknick oder ein Sommeressen mit der Familie.

Roggen
Wasser
Körner waschen
Körner mit dem Wasser 6 - 10 Stunden - zum Vorquellen - in den Kühlschrank stellen.
1 Becher Roggenkörner (150g)
3 Becher Wasser
1/4 Teelöffel Meersalz
1 Becher saure Sahne
1 Zitrone
etwas Meersalz
1 säuerlicher Apfel
1/2 Salatgurke
1 Bund Radieschen
1 Bund Dill
4 Portionen
Körner im Einweichwasser + Salz
15 Minuten bei großer Hitze kochen
Ausquellen lassen
1 Stunde bei kleinster Hitze
Saft der Zitrone
Saure Sahne
Salz
Salatsoße rühren
Apfel und Gurke dünn schälen
Radieschen waschen putzen, in Scheiben schneiden
In Scheiben schneiden
Entkernen
In Würfel schneiden
Dill waschen und zerkleinern
Abgekühlte Roggenkörner
Alle Zutaten mit der Salatsoße vermischen, 1 Stunde im Kühlschrank durchziehen lassen.

Kartoffelbrot

Wer eine große Familie hat, nimmt die doppelte Menge Zutaten, aber nur ein Ei.
Achtung: Hefeteig immer warm halten. Er verträgt keine Kälte.

3 große Kartoffeln
1/8 Liter Milch
500 g frisch gemahlenes Weizenvollkornmehl (oder Type 1050)
1 Tüte Trockenhefe
1/2 Teelöffel Meersalz
1 Ei
etwas Margarine oder Butter für die Kastenform

Tip:
Brot nie in Plastiktüten aufbewahren, sondern in ein sauberes Tuch wickeln. Dann wird es nicht schimmeln.

Tip:
Du kannst auch Frischhefe verwenden (30 g): 5 Eßlöffel Milch lauwarm erhitzen. Die Hefe und 1 Teelöffel Zucker darin auflösen. 15 Minuten aufgehen lassen, bis sie schäumt.

Kartoffeln waschen, dünn schälen
und reiben.
Milch erhitzen und über den Kartoffelbrei gießen.
In die Backschüssel geben:
Mehl
Hefe
Salz
Trocken mischen.
Die restlichen Zutaten dazugeben:
Ei
lauwarmer Milch-Kartoffelbrei
Gut durchrühren und kneten (Knethaken)
Ruhezeit: 30 Minuten
Teig mit einem Tuch bedeckt aufgehen lassen: im warmen Backofen bei 20-40 Grad oder auf der Heizung.
Backofen vorheizen: 200 Grad (Stufe 3)
Kastenform mit Fett bestreichen (Backpinsel)
Teig noch einmal kneten und einfüllen.
60 Minuten im heißen Backofen auf mittlerer Schiene backen.
Brot aus der Form nehmen. (Topflappen!) Auf dem Kuchengitter abkühlen lassen.

Grünkernbratlinge

Salat, grünes Gemüse und ein Klecks Sahnequark passen dazu. Warm und kalt, zum Mitnehmen in die Schule ideal.

Du brauchst für 4 Personen:
2 Tassen Grünkern (etwa 200g)
1 kleine Zwiebel
1 Knoblauchzehe
1/2 Teelöffel Meersalz, 1 Lorbeerblatt
1/2 Liter Wasser
8 Haselnüsse (oder Mandeln)
1 Bund Petersilie
etwas Semmelmehl (oder Maismehl)
2 Eier Fett zum Braten
Getreidemühle
Grünkern grob schroten oder im Mixer zerkleinern.
Zwiebel und Knoblauch schälen, halbieren
in Würfel schneiden
Grünkernschrot
Zwiebel, Knoblauch
Lorbeerblatt
Wasser
Salz
Bei großer Hitze aufkochen, dabei umrühren -
Dann 20 Minuten ausquellen lassen (Kleinste Hitze!)
Ab und zu umrühren
Nüsse zerkleinern
Petersilie waschen und hacken.
Brei abkühlen, Lorbeerblatt herausnehmen
Eier
Petersilie
Nüsse
Semmelmehl
Vermischen und verrühren
Das Semmelmehl hält den Teig zusammen.
12-15 Kugeln formen, flachdrücken.
Mit etwas Fett die Bratlinge auf beiden Seiten anbraten.
Mittlere Hitze

Buchweizenbrei

heiß waschen
(kurz aufkochen)
ausquellen

2 Tassen Buchweizen (ganze Körner)
4 Tassen Wasser

Buchweizen mit heißem Wasser überbrühen, abtropfen lassen. Mit kaltem Wasser aufsetzen, zum Kochen bringen.

10 Minuten bei kleiner Hitze ausquellen.

Die weichen Körner in tiefe Teller füllen, mit Honig süßen.

Hirsebrei

heiß waschen
einrühren
ausquellen
Dazu: kühle Rohmilch

1 Tasse ganze Hirsekörner
2 Tassen Milch
1 Eßlöffel Honig

Hirse heiß überbrühen, Milch zum Kochen bringen, Hirse einrühren. Bei kleiner Hitze 30 Minuten ausquellen lassen. Ab und zu umrühren. Wenn die Hirse weich ist, mit Honig süßen, in kleine Förmchen füllen (vorher kalt ausspülen), abkühlen lassen und auf Teller stürzen.

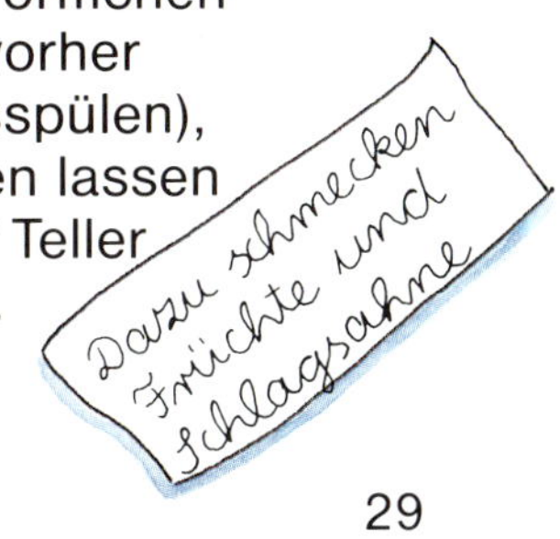

Dazu schmecken Früchte und Schlagsahne

Reis

ist eine Getreideart, die im Wasser wächst. Sie gedeiht nur in warmen, sonnenreichen Gegenden. Für die Menschen in Ostasien ist sie das Hauptnahrungsmittel. Unser Vollkornreis stammt meist aus Spanien, Italien und Frankreich.

Weißer Reis ist Vollkornreis, der geschält wurde. Ihm fehlen die vitaminreiche äußere Schale und der Keim. Das macht ihn jedoch jahrelang haltbar. Besser ist der **Vollkornreis**, auch Natur- und Braunreis genannt. Man unterscheidet Langkornreis für salzige Gerichte und Rundkornreis für Süßspeisen.

Reis kochen

Pro Person brauchst du eine halbe Tasse Langkorn-Vollreis (50 g). Gekochte Reste sind bis zu 8 Tagen im Kühlschrank haltbar (Zudecken!).

Für 4 Portionen:
1 Becher Reis + 2 Becher Wasser
Reis im Sieb waschen, abtropfen lassen – und mit dem Wasser zum Kochen bringen.
Bei großer Hitze sprudelnd 5 Minuten kochen.
Der Reis ist nach etwa 35 Minuten gar.
Garprobe: Probiere, ob der Reis weich ist.
Bei kleiner Hitze weiterkochen (mit Topfdeckel), bis alles Wasser verdampft ist.

Indischer Reis

mit Banane, Linsen und Sesamquark. Zum Reis paßt Sojasoße gut.

Banane schälen, der Länge nach halbieren. Butter schmelzen (kleine Hitze), die Bananen darin goldbraun braten.
1 Tasse rote, halbe Linsen mit 2 Tassen Wasser 15 Minuten weich kochen, (mittlere Hitze), mit Salz würzen.
Sesamquark: 250 g Quark mit 1 Eßlöffel Sesammus (Tahin) und Milch cremig rühren.

Chinesischer Reis

aus gekochtem Reis
und gebratenem Gemüse.

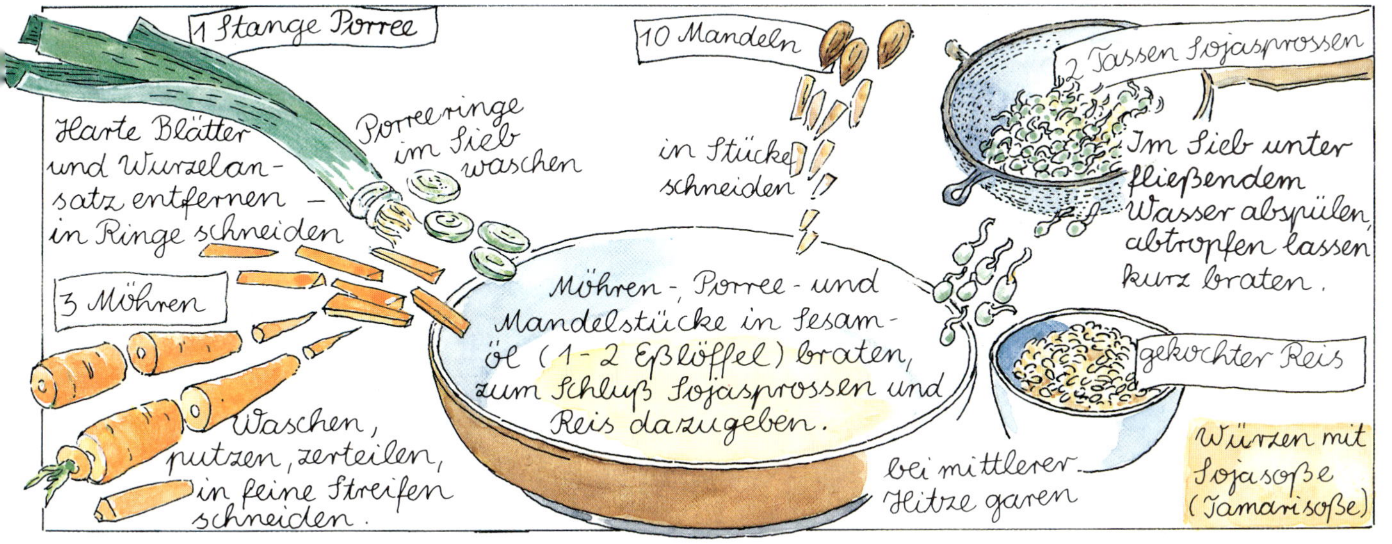

1 Stange Porree
Harte Blätter und Wurzelansatz entfernen – in Ringe schneiden
Porreeringe im Sieb waschen
3 Möhren
Waschen, putzen, zerteilen, in feine Streifen schneiden.
10 Mandeln
in Stücke schneiden
Möhren-, Porree- und Mandelstücke in Sesamöl (1–2 Eßlöffel) braten, zum Schluß Sojasprossen und Reis dazugeben.
2 Tassen Sojasprossen
Im Sieb unter fließendem Wasser abspülen, abtropfen lassen, kurz braten.
gekochter Reis
bei mittlerer Hitze garen
Würzen mit Sojasoße (Tamarisoße)

Reisbratlinge

So kannst du Reisreste lecker verarbeiten.
Gut dazu: Quark und Rohkost.

2 Tassen gekochter Reis
1 kleine Zwiebel
Margarine oder Öl zum Braten
1 Bund Petersilie
1 Stück Gouda (50g)
2 Eßlöffel Weizenvollkornmehl (grob gemahlen)
1 Ei, etwas Salz, Pfeffer
Zipfel
Wurzel
Zwiebel häuten, Zipfel dranlassen, halbieren,
Auf die flache Seite legen, ein paarmal längs- und 2–3 mal querschneiden
Würfeln
Fett schmelzen, Zwiebelwürfel bei kleiner Hitze dünsten
Petersilie waschen, abtropfen lassen,
hacken
Käse reiben
Gekochter Reis
Ei
Mehl
Petersilie
Käse
Zwiebelwürfel
Zu einem Teig rühren, vorsichtig würzen: Käse ist schon salzig! – Mit den Händen Klöße formen, flach drücken.
Tip: Falls der Teig auseinanderfällt etwas Wasser unterkneten
Fett bei mittlerer Hitze schmelzen, Reisbratlinge von beiden Seiten knusprig braten.
Dazu passen Tomaten, frische Salate ...

Nudeln

Nudeln aus Vollkornmehl gibt es nicht nur aus Weizen, sondern auch aus anderen Getreiden. Sie haben eine dunklere Farbe und schmecken herzhaft und kernig.

Spaghetti und **Bandnudeln** sind gut mit Butter, frisch geriebenem Hartkäse, gehackten Kräutern und der Tomatensoße!

Muscheln und **Hörnchen** schmecken mit Gemüsebrühe oder Sahnesoße mit geriebenem Käse.

Makkaroni und **Zöpfli** eignen sich gut für Nudelsalat und Tofu-Auflauf (Seite 33).

Tomatensoße

Wenn du die Tomatensoße mit 1/2 Liter Wasser oder dem Saft aus der Dose verdünnst, kannst du eine Suppe daraus kochen. Mit etwas süßer Sahne wird sie ganz fein!

1 Zwiebel
8 - 9 reife Tomaten (750 g)
oder: 1 Dose Tomaten, abgetropft
1 Eßlöffel Öl oder Margarine
1 Knoblauchzehe
je 1 Teelöffel Basilikum und Thymian (getrocknet)
je 1 Nelke und 1 Lorbeerblatt
1 Teelöffel Honig oder Zucker, etwas Meersalz
Zwiebel und Knoblauch schälen,
würfeln
Tomaten waschen
In kleine Stücken schneiden
Öl erhitzen und die Zwiebelwürfel dünsten
Kleine Hitze
Tomatenstücke
Knoblauch
Kräuter
Honig
Salz
20 - 30 Minuten bei kleiner Hitze kochen.
Inzwischen
Nudeln kochen,
Käse reiben
Wenn du die Soße durch ein Sieb drückst, wird sie glatter - und Kerne, Schalen und Lorbeerblatt bleiben zurück!
Gefäß
Abschmecken: Ist die Soße nach deinem Geschmack?
Noch einmal erhitzen
Mit Käse zu den Nudeln servieren.

Nudeln kochen

Pro Person rechnet man etwa 60 g Nudeln. Immer reichlich Wasser zum Kochen nehmen.
Tip: Die Schüssel erwärmst du mit heißem Wasser oder stellst sie auf die Heizung.

Bei großer Hitze zum Kochen bringen:
2 Liter Wasser und 1 Teelöffel Salz
Nudeln hineingeben und umrühren.
Nach 10 - 12 Minuten sind die Nudeln gar.
Probieren!
Hitze herunterschalten, sprudelnd weiterkochen.
Nudeln abgießen und abtropfen lassen!
Durchschlag ins Spülbecken stellen!
In der vorgewärmten Schüssel servieren!

Tofu-Auflauf

Hier kannst du aus Nudelresten einen Auflauf zubereiten. **Tofu** ist ein Quark aus Sojabohnen, stammt aus Japan und China. Er enthält viel pflanzliches Eiweiß.

4 Portionen
250 g Vollkornnudeln (gekocht)
150 g mittelalter Gouda am Stück
1-2 Stangen Porree oder 2 Zwiebeln
1 Knoblauchzehe
300 g Tofu (= Sojakäse)
½ Teelöffel Meersalz, 1 Eßlöffel Öl
Fett für die Form (Öl)
2 Tassen Tomatensoße (oder 4 Tomaten in Scheiben, kräftig gewürzt mit Oregano und Meersalz)
... diese Nudelformen eignen sich besonders gut!
Käse grob raffeln
5 Eßlöffel wegstellen (zum Bestreuen)
Vom Porree Wurzeln und harte Blätter abschneiden
feine Ringe schneiden, im Sieb waschen
Knoblauch schälen und fein würfeln
Tofu, Knoblauchwürfel, und Öl cremig rühren.
Salz
Eine feuerfeste Form innen
einfetten
Tomatensoße, Porreeringe, Nudeln, Tofucreme, Käse
Übereinanderschichten, bis alle Zutaten verbraucht sind, zum Schluß Tomatensoße.
In den kalten Backofen (mittlere Schiene) stellen.
Bei 200 Grad (Stufe 3)
35-40 Minuten backen
Herausnehmen (Topflappen!) mit dem Käserest bestreuen.

Frühstück

Pflaumenmus schmeckt auf selbstgebackenem Brot oder zu Waffeln (Seite 8). Erdnußcreme mögen Kinder in den USA gerne, und Porridge gehört zum englischen Frühstück.

Weichkochen
Pürieren
Höchste Stufe

Pflaumenmus

250 g Trockenpflaumen (ungeschwefelt), gerade mit Wasser bedeckt zum Kochen bringen. Abgekühlt mit 2 Eßlöffeln Zitronensaft zu Mus pürieren.
Das Mus mit Zimt würzen. Im verschlossenen Glas aufbewahren (Kühlschrank).

Schälen
Pürieren
Höchste Stufe

Erdnußcreme

(macht etwas Arbeit)
250 g Erdnüsse schälen und das Häutchen abreiben. Ohne Fett in der Pfanne rösten.
Im Mixer vermahlen, etwas Öl und Salz dazugeben, bis eine streichfähige Masse entsteht. Im Deckelglas aufbewahren.

Frischkornmüsli

Frischkornbrei enthält alle wertvollen Wirkstoffe des Getreides, ist also sehr zu empfehlen. Wer will, kann sich Getreideflocken daruntermischen.

Pro Person:
3 Eßlöffel Weizenkörner (oder Hafer-, Roggenkörner)
Eßlöffel Wasser
1 Apfel (oder frisches Obst wie Himbeeren, Pfirsiche)
etwas Zitronensaft
1 Teelöffel gemahlene Nüsse
1 Eßlöffel süße Sahne
ungeschwefelte Rosinen
Abends
Körner grob schroten, mit 5 Eßlöffeln kaltem Wasser zu Brei rühren.
Quellen lassen
8-12 Stunden im Kühlschrank
Morgens
Den gewaschenen Apfel reiben, mit Zitronensaft beträufeln und über den Brei geben
Mit Nüssen, Rosinen und Sahne essen!
Der Brei schmeckt auch mit Joghurt und Honig.

Haferflocken, Wasser, Salz

Porridge

Pro Portion:
4 Eßlöffel grobe Haferflocken
1/4 Liter Wasser
1 Prise Salz
flüssige Sahne

Haferflocken und Salz ins kochende Wasser rühren. Quellen lassen (kleine Hitze), bis ein dicker Brei entsteht. Auf dem Teller mit Sahne umgießen.

Fladenbrot

2 Tassen Weizenschrot
1 Tasse Wasser
1 Eßlöffel Öl
1 Teelöffel Salz

Schrot, Wasser, Öl und Salz verrühren. Quellen lassen (30 Minuten). Der Teig soll flüssig sein! 6–8 Fladen auf dem bemehlten Blech verteilen. Backofen auf 250 Grad (Stufe 5) vorheizen. Dann 10–15 Minuten braun backen (obere Schiene).

Schroten
Quellen
Backen

Brötchen

Am Abend backen – am Morgen essen!
Die heißen Brötchen zum Auskühlen auf ein Kuchengitter legen, über Nacht mit einem Tuch bedecken. So bleiben sie knusprig!

10 Stück
500 g Weizenvollkornmehl (frisch gemahlen)*
1 Tüte Trockenhefe
1 Teelöffel Zucker oder Honig
1 Teelöffel Meersalz
1/4 Liter Milch
50 g weiche Butter (3 Eßlöffel)
10 Mandeln,
Milch zum Bepinseln
* oder Weizenmehl Type 1050 + Schrot
Weizenmehl
Hefe
Zucker
Salz
Trockene Zutaten in der Rührschüssel mischen
Milch ein wenig erwärmen
Butter in Stücken darüber verteilen
Lauwarme Milch dazugießen
Alle Zutaten gut durchkneten bis sich der Teig vom Schüsselboden löst.
Aufgehen lassen
1 Stunde
zugedeckt auf der Heizung (im Backofen bei 20–40 Grad) der Teig muß sich verdoppeln!
Arbeitsplatte mit Mehl bestäuben und kneten.
5 Minuten
Teig einteilen
Auf ein gefettetes Blech setzen –
10–12 Brötchen mit den Händen formen,
20 Minuten aufgehen lassen, mit Milch bepinseln
Backofen 10 Minuten vorheizen
200 Grad (Stufe 3)
Mandeln einsetzen, Blech in den heißen Ofen (mittlere Schiene) schieben.
30 Minuten backen

Abendbrot

Dieses Kapitel besteht aus Rezepten, die Abwechslung auf den Abendbrottisch bringen. Vielleicht willst du deine Familie damit überraschen?

Milchreis – schnell gekocht

1/2 Liter Milch
125 g Vollkorn-Reisflocken

Dazu Apfelmus, frische Beeren oder Honig.

Milch aufkochen, die Hitze herunterstellen, Reisflocken unter Rühren hineingeben. Weiterrühren bei kleiner Hitze, bis der Brei dick ist.

Flocken einstreuen

Ausquellen

Ketchup

mit frischgeriebenen Gewürzen, gut auf Käsebrot, zu Nudeln, Pommes frites (Seite 6). Damit es nicht schlecht wird, nur mit sauberem Löffel aus dem Glas nehmen.

1 Dose Tomatenmark (140 g)
1/4 Teelöffel Meersalz
1/2 Teelöffel Ingwerpulver
1/2 Teelöffel Muskatpulver
1/2 Teelöffel Zimtpulver
1/2 Teelöffel Honig (Zucker)
etwas Pfeffer, Nelkenpulver
2 Eßlöffel Öl, etwas Wasser
Ingwer reiben
Muskatnuß reiben
Pfeffer mahlen
Nelken im Mörser zerstoßen
Tip: Am besten Gewürze immer frisch reiben, mahlen und zerstoßen!

Dose öffnen, Tomatenmark erwärmen
Mittlere Hitze
Gewürze und Öl darunterrühren, mit Wasser kannst du verdünnen.
Unter Rühren aufkochen, abschmecken
Im Kühlschrank 10–14 Tage haltbar
– und in ein Glas füllen.
Datum

Kohlrabi
Möhre
Gurke
Paprika
Paprika
Zitronenmelisse,
Petersilie

Für 4 Personen:
1 grüne Salatgurke
1 Paprikaschote
(gelb oder rot)
2 Möhren oder
Kohlrabi, Fenchel…

Kräuterdip

zum Abendessen. Es macht allen Spaß, das knackig-frische Gemüse in den Quark zu stippen!

Zutaten für 4 Portionen:
250 g Quark (20% Fett)
1 Becher Crème fraîche
1 Teelöffel Zitronensaft
etwas Meersalz
1 Bund Petersilie und einige Stengel Zitronenmelisse (oder Kresse, Schnittlauch, Dill …)
Quark
Crème fraîche
Salz
Zitronensaft
Verrühren
Gehackte Kräuter unterheben
Kräuter waschen, von den Stengeln zupfen
hacken
Gurke dünn schälen
Paprikaschote gut waschen, mit der Gemüsebürste schrubben.
Weißes Inneres und Samen herausschneiden
Das Gemüse in etwa 8-10 cm lange Streifen schneiden.
Möhren mit der Gemüsebürste und Wasser schrubben.
(Oder: dünn schälen)
Kohlrabi schälen,
Kohlrabiblättchen hacken, unter den Quark mischen.

Würzige Pastete

Niemand wird erraten, daß diese leckere Pastete einfach aus Kartoffeln, Zwiebeln und Haferflocken besteht.

4 kleine Kartoffeln
4 kleine Zwiebeln,
1 Knoblauchzehe, 1/2 Tasse Wasser
1 Schälchen Sonnenblumenkerne
1 Schälchen Hefeflocken
1/2 Schälchen Haferflocken
150 g ungehärtete Margarine
(gibt's im Reformhaus, Bioladen)
1 Teelöffel Meersalz
je 2 Teelöffel Thymian und
Kurkuma
etwas Chilipfeffer (sehr scharf!)
etwas Rosmarin oder
ein Zweig Rosmarin
Zwiebeln und Knoblauchzehe schälen und durchschneiden.
Kartoffeln waschen und dünn schälen.
Sonnenblumenkerne (bei höchster Stufe) zerkleinern
Pürieren
Kartoffeln, Zwiebeln, Knoblauch und Wasser zerkleinern.
Mixer (oder Schneidstab des Handrührers)
Oder: Kartoffeln reiben, Zwiebeln fein würfeln.
Hefeflocken, Haferflocken, Sonnenblumen-Kerne
Zerkleinerte
Trockene Zutaten vermischen
Margarine sanft schmelzen
Geschmolzene Margarine
Kartoffel-Zwiebelmus
Gewürze
Alle Zutaten verrühren, kräftig würzen und abschmecken.
In eine feuerfeste Form füllen und in den Backofen stellen.
Mittlere Schiene
Auf 175 Grad (Stufe 4) schalten.
30-45 Minuten backen, bis die Pastete knusprig ist!
Dazu passen Tomaten und Brot!

Roter Lieblingstee

schmeckt heiß und eiskalt gut!

Du brauchst pro Tasse 1 Teelöffel Teemischung aus: Hibiscusblüten, Apfelstücken, Hagebuttenschalen und Vanillestückchen.
(Gibt es fertig zu kaufen!)
1 Liter Wasser zum Kochen bringen,
4 Teelöffel Früchtetee überbrühen
5-10 Minuten ziehen lassen.
durch ein Sieb gießen,
mit Honig süßen.

Grünkernaufstrich

braucht Vorbereitungszeit,
weil die Körner vorquellen müssen,
aber er schmeckt gut!

100 g Grünkernkörner
1/8 Liter Wasser
1/2 Teelöffel Kräutersalz (oder Meersalz)
1 Eßlöffel Hefeflocken
65 g Butter (= 3 Eßlöffel)
1 Knoblauchzehe
1 Bund Dill (oder: Petersilie, Schnittlauch)
Dick aufstreichen!
Grünkernkörner unter fließendem Wasser gründlich waschen.
3-10 Stunden in dem Wasser einweichen.
In den Kühlschrank stellen, damit nichts schimmelt.
Körner im Einweichwasser bei großer Hitze aufkochen, bei kleiner Hitze weichkochen (mit Topfdeckel).
Würzen und abkühlen lassen!
Kräuter waschen, abtropfen lassen und hacken.
Knoblauchzehe schälen und würfeln.
Hefeflocken
Weiche Butter
Knoblauch
Gekochter Grünkern
Nach und nach verrühren
Zum Schluß die Kräuter untermischen. Abschmecken: Fehlt noch Salz?
Im Gefäß mit Deckel 3-4 Tage im Kühlschrank haltbar!

Kräutersalz gibt es im Bioladen (Reformhaus). Es enthält Meersalz, getrocknete Kräuter und Gemüse.

Süßen kannst du mit Honig, Ahornsirup, Rübenkraut, Birnendicksaft.

Kräutertee
Kräuter sind ein Heilmittel, deshalb nicht jeden Tag den gleichen Tee trinken.

Milchmix

1/4 Liter kalte Buttermilch und 1/4 Liter kalten Birnensaft schaumig rühren.

1 Apfelsine auspressen, den Saft mit 1 Banane (am besten gefroren, Rezept Seite 25) mixen, 1/4 Liter Milch dazugeben und schaumig rühren.

Feiern

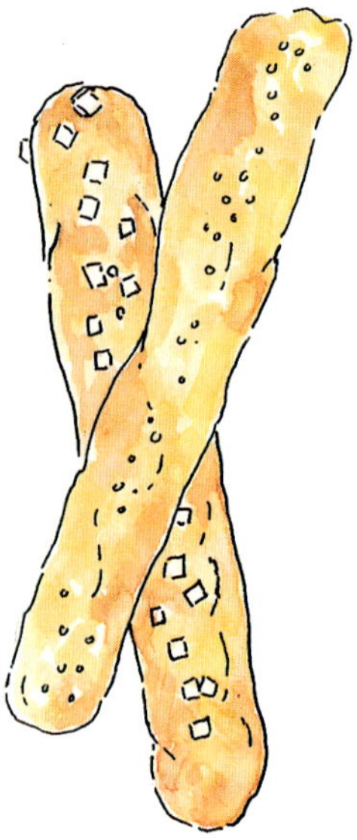

Wollt ihr eine Party feiern?
Hier sind Rezepte für
süße und würzige Leckereien
und ein Getränk.

Popcorn

ist eine gesunde Knabberei, aus getrocknetem Mais und Öl gemacht. Es geht nur mit einer bestimmten Sorte, die als „Popcorn-Mais" verkauft wird. Der Topf sollte nicht empfindlich sein.

100 g Maiskörner (Popcorn)
3–4 Eßlöffel Öl (oder Kokosfett)
Zum Bestreuen etwas Puderzucker oder Meersalz
oder: 3 Eßlöffel Honig
1 Eßlöffel Butter
4 Portionen
Öl erhitzen, bis sich kleine Bläschen bilden
Große Hitze
Mais hineinschütten: Der Boden soll gerade bedeckt sein.
mit dem Topfdeckel verschließen.
Kleine Hitze
Die Körner platzen:
pop pop pop
Topf hin und her bewegen – Deckel nicht abheben –
bis das Poppen aufhört
Honig und Butter unter Rühren erhitzen (5 Min.)
Popcorn damit übergießen und umrühren.

Mohnstangen

ob kurz oder lang, mit Mohn, Sesam oder Nußstückchen bestreut. Die knusprigen Stangen schmecken frisch am besten!

20 Stück
1/8 Liter Milch
250 g Weizenvollkornmehl (frisch gemahlen oder Type 1050)
1/2 Päckchen Trockenhefe
100 g Butter (oder Margarine)
1/2 Teelöffel Meersalz
1 Eigelb, 1 Teelöffel Wasser
etwas Mohn, Sesam oder Kümmel
Milch anwärmen
Hefe + Mehl vermischen
Alle Zutaten für den Hefeteig sollten lauwarm sein
Milch, Salz, Butter dazutun
Alle Zutaten durchkneten. (Mit dem elektrischen Knethaken geht's bequemer!)
Tisch (oder Arbeitsplatte) mit Mehl bestreuen, Teig in dünne Streifen schneiden.
Stangen formen: fingerdick und 12 cm lang,
aufs Backblech legen.
Eigelb und Eiweiß trennen.
Eigelb
Wasser
gut verrühren
Backofen vorheizen: 220 Grad (Stufe 4–5)
Mit Eigelb bestreichen
Mit Mohn bestreuen
Tip: Kurze Stangen backen!
5 cm
10 bis 15 Minuten im vorgeheizten Backofen (mittlere Schiene) backen.

Rosa Minze

aus Pfefferminztee, rotem Traubensaft und Apfelsaft. Eiswürfel mit gefrorenen Weintrauben oder anderen Früchten machen das Getränk bunt.

Pfefferminztee kochen
Zitroneneiswürfel
Tee mit Saft mischen
Abkühlen lassen

5 Teelöffel Pfefferminzteeblätter mit 1/2 Liter kochendem Wasser aufgießen. 10 Minuten ziehen lassen. Durchsieben und mit 1 Teelöffel Honig süßen, kalt stellen. Aus dem Saft einer Zitrone Eiswürfel zubereiten.

Tee mit 1/2 Liter Traubensaft und 1/2 Liter Apfelsaft vermischen, mit Eiswürfeln servieren.

Pizzaschnecken

Der Teig ist schnell zu machen. Toll auch für Pizza und schnelle Nachmittagsbrötchen mit Rosinen!

150 g Magerquark
2 Eßlöffel Milch
5 Eßlöffel Öl
1 Ei
1 Päckchen Weinstein-Backpulver (Bioladen)
300 g Weizenvollkornmehl (Type 1050 oder frisch gemahlen)
Teig
Würzig oder süß!
Mit Eigelb angeklebt
Quark Öl Milch Ei
Glattrühren
Mehl mit Backpulver mischen, zum Quarkteig geben.
Unterkneten
Mehl dazutun, bis der Teig nicht mehr klebt –
und in den Kühlschrank legen.
Belag
1 Dose Tomatenmark
5–6 Eßlöffel Käse (frisch geriebener alter Gouda)
etwas Basilikum (getrocknet)
3 Oliven oder ein paar Champignons (alles kleingeschnitten)
3 Eßlöffel Olivenöl
3 Eßlöffel Sonnenblumenkerne
Olivenstücke
Tomatenmark
Käse
Basilikum
Belag zubereiten
Arbeitsplatte mit Mehl bestreuen,
Teig dünn ausrollen
Belag darauf verteilen,
aufrollen,
in Scheiben (3 cm dick) schneiden,
mit dem Teigschaber flachdrücken.
Auf ein gefettetes Blech legen, mit Öl bestreichen, mit Sonnenblumenkernen bestreuen
Im vorgeheizten Backofen bei 200 Grad (Stufe 3) auf der mittleren Schiene 25–30 Minuten knusprig backen
Süße Füllung:
Teig mit Aprikosenmarmelade bestreichen, mit 100 g gehackten Nüssen oder Mandeln und Rosinen bestreuen.
Einrollen, zerschneiden, flachdrücken, mit Eigelb bestreichen und backen – wie Pizzaschnecken!

Fruchtschnitten

Wer Abwechslung liebt, kann auch andere Trockenfrüchte nehmen: Feigen, Äpfel und Pflaumen. Die Schnitten in einer Blechdose aufbewahren.

250 g ungeschwefeltes Trockenobst (Aprikosen und Birnen). Feigen Pflaumen, Äpfel sind auch geeignet!
3 Eßlöffel Orangensaft (oder Wasser)
75 g Haselnüsse
2 Eßlöffel Honig
2 Eßlöffel Nußmus (Bioladen)
1/2 Teelöffel Zimt
1 Teelöffel Kakao
60 Backoblaten (Vollkorn)
100 g Haferflocken
Trockenfrüchte mit Orangensaft 1 Stunde einweichen
Zuerst die Nüsse, dann die eingeweichten Früchte zerkleinern.
Nüsse, Früchte, Honig, Zimt, Nußmus Kakao Haferflocken
Alle Zutaten verrühren (Küchenmaschine)
Oblaten mit der Fruchtmasse bestreichen, (nasses Messer) 1 cm dick
mit der zweiten Oblate bedecken,
durchschneiden und über Nacht trocknen lassen.

Nußkugeln

Einfach köstlich! **Nußbutter** gibt es zu kaufen und ist ein Mus aus Haselnüssen, Cashewkernen, Mandeln und Erdnüssen.

3 Eßlöffel Nußmus (100 g)
50 g ungeschwefelte Rosinen
50 g Nüsse (Haselnüsse)
6 Eßlöffel Kokosflocken (50 g)
1 unbehandelte Zitrone
etwas Kakao
21 Stück
Nüsse
Rosinen
Zerkleinern
Zitrone heiß waschen, abtrocknen, reiben.
Trick: Butterbrotpapier dazwischenlegen und reiben: Die Schale läßt sich leicht vom Papier streifen.
Rosinennußmus
Zitronenschale
Kokosflocken
Nußmus
Alle Zutaten gut verrühren
Mit den Händen walnußgroße Kugeln formen, mit Kakao bestreuen
oder darin wälzen.
In einer Dose kühl aufbewahren.

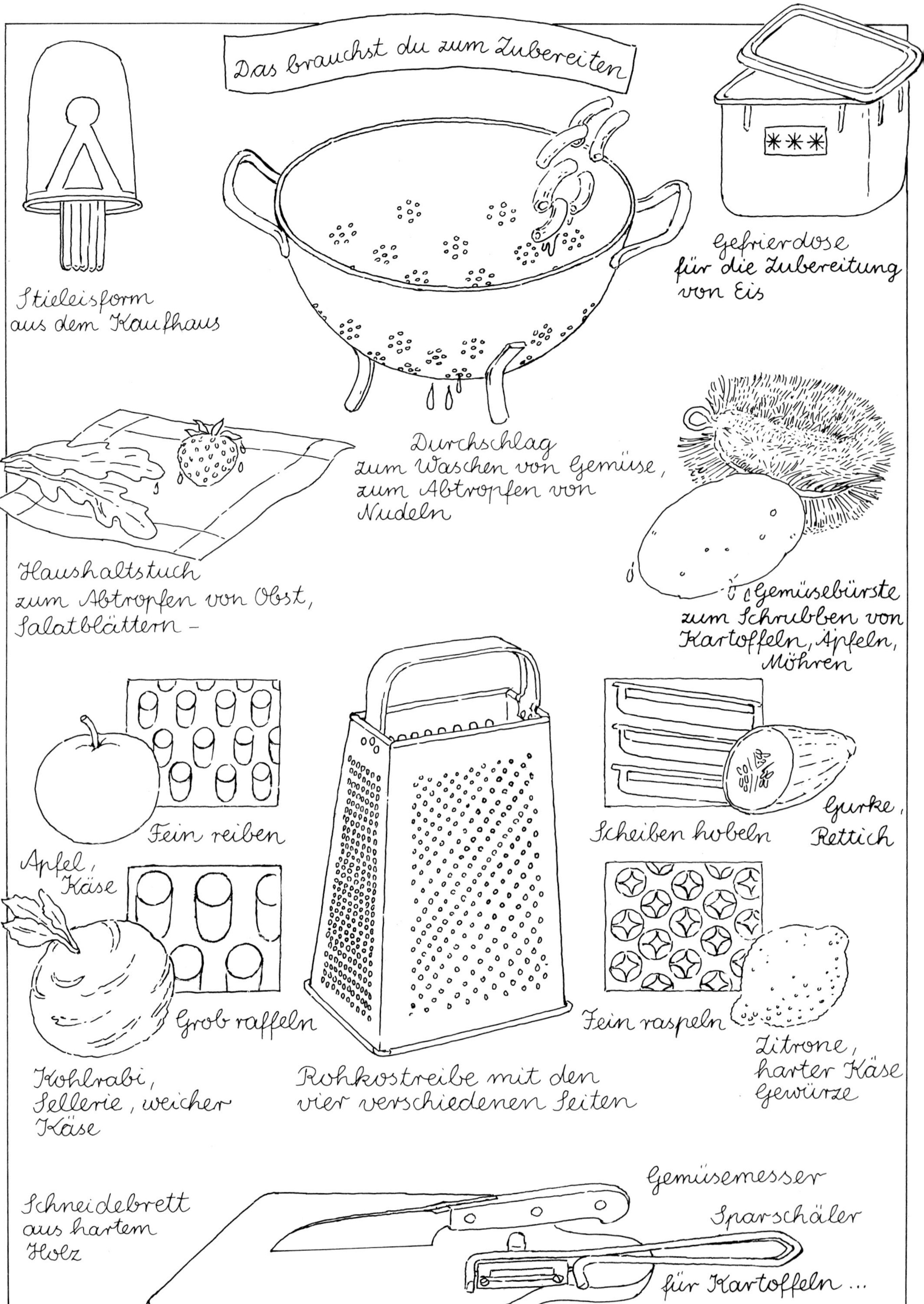
Das brauchst du zum Zubereiten
Stieleisform aus dem Kaufhaus
Gefrierdose für die Zubereitung von Eis
Durchschlag zum Waschen von Gemüse, zum Abtropfen von Nudeln
Haushaltstuch zum Abtropfen von Obst, Salatblättern –
Gemüsebürste zum Schrubben von Kartoffeln, Äpfeln, Möhren
Fein reiben
Apfel, Käse
Scheiben hobeln
Gurke, Rettich
Grob raffeln
Kohlrabi, Sellerie, weicher Käse
Fein raspeln
Zitrone, harter Käse Gewürze
Rohkostreibe mit den vier verschiedenen Seiten
Gemüsemesser
Sparschäler
für Kartoffeln …
Schneidebrett aus hartem Holz